AF607428
AVERSO

ROMANCERO DEL DESTIERRO

Miguel de Unamuno

Número 27 de la Colección **AVERSO POESÍA**

Romancero del destierro

Edición al cuidado de Averso Poesía
www.aversopoesia.com

hola@aversopoesia.com

Primera edición: abril de 2024
ISBN: 978-84-10027-24-4
Depósito Legal: GR 459-2024

Imágenes de cubierta: José Mesa. *Montaña de Tindaya, Fuerteventura, Canarias, España. Autorretrato de Unamuno, en «Auto-retrato»* (Revista Ibérica, 30 de septiembre de 1902).

Impreso en España - *Printed in Spain*

El papel utilizado para la impresión de este libro está calificado como papel ecológico y procede de bosques gestionados de manera sostenible.

ROMANCERO DEL DESTIERRO

Miguel de Unamuno

PRÓLOGO

Un libro de poemas, y sobre todo de poemas en verso, no debería en rigor llevar prólogo, que es algo lógico, conversacional. Al canto le precede un preludio, pero no un prefacio o prólogo. Mas ¿son estos poemas canto en palabras?, ¿no contienen un elemento lógico y por lo tanto literario? Lo que nos llevaría a la cuestión de lo que acaban de dar en llamar poesía pura. Cuya pureza no he llegado a comprender, como ni tampoco los que de ella hablan. Los cuales son, por lo demás, tan avisados como para admitir poesía pura hasta en poemas didácticos. Y es que la lógica no excluye la estética. Por lo cual hago este prólogo.

Entre otras cosas para explicar el título de esta colección: *Romancero del destierro*, que propiamente no se podría aplicar más que a los dieciocho romances octosílabos con que termina, escritos los dieciocho aquí, en Hendaya, e inspirados en la triste actualidad presente política de mi pobre España. Mas aun las otras poesías, hechas las primeras de ellas en París, están más o menos inspiradas en esa misma actualidad y algunas de ellas podrían ser llamadas políticas.

Durante mi confinamiento en la isla hispano-africana de Fuerteventura escribí unos cuantos sonetos que con otros escritos en París en los primeros meses de mi destierro allí y acompañados de notas intercaladas entre ellos compusieron mi libro *De Fuerteventura a París* que en esta ciudad me publicó la casa editorial Excelsior. Tampoco todos aquellos sonetos son de circunstancias políticas aunque todos ellos, hasta los que se podría llamar religiosos, y aun místicos, están inspirados por la actualidad política de mi España.

¡Actualidad política! La actualidad política es eternidad histórica y por lo tanto poesía. Y nada más actual que lo circunstancial cuando se le siente en eternidad. Las obras más duraderas —se ha dicho mil veces— son las de circunstancias.

Primero actualidad y actual. Por encima del pasado, el presente y el futuro, cerniéndose sobre ellos y envolviéndolos concebimos la eternidad, pero por debajo de ellos —en metáfora— yaciendo y juntándolos y sustentándolos la actualidad. Lo actual es lo que del pasado queda en el presente y va al futuro. Y ¿no es lo mismo que lo eterno? Pero lo eterno es acaso del orden natural, pertenece a la naturaleza, y lo actual del orden histórico, pertenece a la historia. En la naturaleza no hay actualidad y en la historia lo eterno es lo actual. El Dios natural, el aristotélico, el primer motor inmóvil, el de las pruebas lógicas es el Dios eterno, pero el Dios histórico, el cristiano, el Padre del Hijo del hombre, de Jesús, el de la experiencia íntima es el Dios actual. Y por eso decía Leopold von Ranke, el gran historiador alemán, que cada generación humana está en la presencia inmediata de Dios. Sentimiento que no concuerda con ese pobre concepto mecánico, naturalista, del progreso que han dado los evolucionistas aristotélicos. Concepto muy poco helénico. Un griego de la casta espiritual de Tucídides, el que dijo que escribía la historia de la guerra del Peloponeso para siempre, se sonreiría ante esa pobre concepción naturalista del progreso. El «para siempre» de Tucídides está en la misma cumbre —o abismo si se quiere— de concepción histórica, actualística, que lo de que cada generación humana está en la presencia inmediata de Dios de su hermano y sucesor Ranke. Y uno y otro, Tucídides y Ranke —dos máximos poetas, creadores—, concibieron la historia políticamente. Para ellos la historia era política, era historia civil. Como era para san Agustín que escribió su Ciudad de Dios, *Civitas dei*. Y ya el Cristo mismo, el Cristo de san Agustín y de Ranke, al decir que su reino no era de este mundo, supuso reino o sea ciudad, o sea política. Ni es la religión otra cosa que una política a lo divino.

Actualidad, pues, y actualidad política. Y en ella historia viva y en la historia poesía o sea creación.

Con lo que creo justificar este prólogo. No porque con él me proponga decir lo que voy a hacer, que esto lo estimo absurdo. Detesto todo manifiesto programático. Al que me viene diciendo: «Voy a hacer esto o lo otro», le digo: «Haga no más lo que sea, y déjenos de cuentos». Los manifiestos programáticos se los dejo a los futuristas, ultraístas, vanguardistas y demás artesanos de escuela. No expongo aquí doctrinas que precedieron a mis poemas y me guiaron en hacerlos, sino el ámbito íntimo mental en que me brotaron. Mental digo porque la mente es visión, sentimiento y voluntad. Se ve, se siente y se quiere con el entendimiento.

Y ahora sólo me queda añadir que en cuanto al orden de colocación de estos poemas he procurado seguir el cronológico, que es el histórico.

Al final del libro he puesto unas «Notas» que pueden muy bien saltar los que sólo de poesía pura, o puramente de poesía sola, se cuiden. Aunque tal vez a ellos mismos les ayuden en algo.

Y no más prólogo.

Miguel De Unamuno
Hendaya, 28 julio 1927.

Si caigo aquí, sobre esta tierra verde
mollar y tibia de la dulce Francia,
si caigo aquí donde el hastío muerde
celado en rosas de sutil fragancia,
si caigo aquí, oficina del buen gusto
donde sólo el olvido da consuelo,
llevad mi cuerpo al maternal y adusto
páramo que se hermana con el cielo.
Llevadlo a la jugosa enjuta roca
que avara da sus frutos de secano,
tape su polvo mi sedienta boca
que en sed de amor se ha consumido en vano;
esta boca de Dios con que he maldito
bendiciendo a mi patria envilecida,
esta boca en que Dios me puso el grito
que ha sido toda el alma de mi vida;
este cráter que al fuego de mi entraña
le da respiro de aire y clara lumbre,
fuego que del abismo de mi España
trepó a mi boca como a altiva cumbre.
Tape su polvo allí, entre los rastrojos,
donde matan el hambre pordioseros,
tape su polvo con piedad mis ojos
de escudriñar las tristes sombras hueros.
El polvo de mi roca, santo velo,
al sueño de mi duelo guarde en sombra
y no me hiera fiera luz del cielo
de ese Dios de Jacob que no se nombra.
Tape mis pies su polvo, pies cansados

de recorrer mi España, peregrino,
sin su pulso sentir, pies destrozados
por las cruces de tumba del camino.
Tape su polvo mi rendida mano
que aró febril a España con la pluma
e impida que al besarla algún hermano
la manche de su bilis con la espuma.
Tape su polvo mi abatido pecho
donde tu mar entró, Fuerteventura;
con él de roca sempiterno lecho
mi polvo se haga poso de la hondura.
Raíz mi corazón, polvo de roca,
se haga del santo páramo ermitaño,
del páramo que al otro, al cielo, toca
para juntos parir feliz engaño.
Cubra su polvo, terrenal ceniza,
mi frente al sol curtida y el *memento*
del cielo de la noche que agoniza
me quite dando paz a mi tormento.
Tape su polvo mis pobres orejas
heridas del silencio de mi casta,
sólo mi sangre me daba sus quejas
en mi concha de mar; sólo Dios basta.
Tape su polvo las vergüenzas tristes
con que hice carne en tierra de verdugos,
¡ay mi carne española, la que vistes
hambre de siglos y hambre de mendrugos!
Yazga sobre su roca, fiel regazo,
la caña de mi tuétano, que guarda
de su tuétano sales, mi espinazo
que nunca soportó castrense albarda.

Envolvedme en un lienzo de blancura
hecho de lino del que riega el Duero,
y al sol de Gredos luego se depura
—soy villano de a pie, no caballero—,
no en ese roto harapo gualda y rojo
—bilis y sangre— que enjuga a la espada;
honra y no honor, estoy libre de antojo;
embozo de verdugo no es mi almohada
y apisonen mi tierra las escarchas
del invierno ceñudo y que no dejen
pasar vivas ni olés ni reales marchas,
ni de Cádiz, que el asco me remejen.
Si caigo aquí, sobre esta baja tierra,
subid mi carne al páramo aterido,
por Dios, por nuestro Dios, el de la guerra,
mas no de los ejércitos, lo pido.
Subidme allá, se hará mi carne roca
y allí, en el yermo, clamará su credo,
daré al desierto de mi patria boca
de gritar a los sordos por el miedo.

Vendrá de noche

Vendrá de noche cuando todo duerma,
vendrá de noche cuando el alma enferma
se emboce en vida,
vendrá de noche con su paso quedo,
vendrá de noche y posará su dedo
sobre la herida.
Vendrá de noche y su fugaz vislumbre
volverá lumbre la fatal quejumbre;
vendrá de noche
con su rosario, soltará las perlas
del negro sol que da ceguera verlas,
¡todo un derroche!
Vendrá de noche, noche nuestra madre,
cuando a lo lejos el recuerdo ladre
perdido agüero;
vendrá de noche; apagará su paso
mortal ladrido y dejará al ocaso
largo agujero...
¿Vendrá una noche recogida y vasta?
¿Vendrá una noche maternal y casta
de luna llena?
Vendrá viniendo con venir eterno;
vendrá una noche del postrer invierno...
noche serena...
Vendrá como se fue, como se ha ido,
—suena a lo lejos el fatal ladrido—
vendrá a la cita;
será de noche mas que sea aurora,
vendrá a su hora, cuando el aire llora,

llora y medita...
Vendrá de noche, en una noche clara,
noche de luna que al dolor ampara,
noche desnuda,
vendrá... venir es porvenir... pasado
que pasa y queda y que se queda al lado
y nunca muda...
Vendrá de noche, cuando el tiempo aguarda,
cuando la tarde en las tinieblas tarda
y espera al día,
vendrá de noche, en una noche pura,
cuando del sol la sangre se depura,
del mediodía.
Noche ha de hacerse en cuanto venga y llegue,
y el corazón rendido se le entregue,
noche serena,
de noche ha de venir... ¿él, ella o ello?,
de noche ha de sellar su negro sello,
noche sin pena.
Vendrá la noche, la que da la vida,
y en que la noche al fin el alma olvida,
traerá la cura;
vendrá la noche que lo cubre todo
y espeja al cielo en el luciente lodo
que lo depura.
Vendrá de noche, sí, vendrá de noche,
su negro sello servirá de broche
que cierre al alma;
vendrá de noche sin hacer ruido,
se apagará a lo lejos el ladrido,
vendrá la calma...
vendrá la noche...

A Paul Valéry

Miraba a la mar la vaca
y a la vaca la mar;
en la resaca
la mar reía
y la vaca la risa no veía...
La vaca está debajo de la risa
y del llanto,
es decir, por encima, en la repisa
del infinito,
donde se quiebra en espuma el quebranto
y en silencio el grito.
Los ánades sobre la mar volando
miran la mar, no el cielo;
a sus entrañas;
pasan en bando,
que es su consuelo
y se van a otras costas nunca extrañas.
Los peces son los que no ven la mar
y a las olas se asoman
para mirar al cielo,
mirada de que toman
su fe para nadar, que es su volar.
No, yo no sueño la vida;
es la vida la que me sueña a mí
y si el sueño me olvida
he de olvidarme al cabo que viví.
Miraba a la mar la vaca;
la vaca era la mar, se hacía mar

y la mar otra vaca.
No nada la vaca ni vuela;
mira la mar, respira aire del cielo
y pisa en el suelo.
La mar no nada ni el cielo vuela;
sobre la tierra se apoya la mar;
sobre la tierra la mar y el cielo;
es su volar.

Filosofemas

Decir de nuevo lo que ya se dijo
y es nuevo el sol en cada viejo día;
nace la raya sobre un punto fijo
y sobre él muere, como tú, alma mía.
Vas tejiendo con siglos el minuto
le haces eterno y como eterno queda;
toda la savia en un ahora —fruto—
se cuaja y fija la celeste rueda.
La vida es toda un redivivo luego;
tan sólo lo que pasa sólo dura;
el juego del pasar es todo el juego
y el poso que de Dios fragua la hondura.
«¿Qué hay, maestro, de nuevo?». El pobre sastre
remendón, sin mirar: «¿Nuevo? ¡Ni el hilo...!»;
harapos son la historia y su desastre,
solo el olvido es de la paz asilo.
Ni el hilo de la historia es hilo nuevo,
sino de sangre, la de Abel y Cristo,
con sangre la gallina se hace el huevo,
con huevo se hace sangre y... ¡todo listo!
Vanidad vino nuevo en el viejo odre,
viejo en el nuevo vanidad lo mismo,
todo jugo de vida es solo podre
y el zenit y el nadir un solo abismo.
Decir de nuevo lo que ya se dijo,
crear de nuevo la palabra muerta,
darle otra vuelta más al acertijo
y hacer con sombra y luz la muerte incierta.

Sub specie momenti

Verdor nativo; la niñez que vuelve
y el porvenir disuelve;
juega el sol con las nubes y sonríe,
la mar me cuna,
y en sus olas la cuita se deslíe,
—con ello mi fortuna—
brotan aquí, en Hendaya,
las aguas lentas de mi fiel Vizcaya.
Leo el Apocalipsis, lo releo,
y en su eterna marea me mareo;
pasa el que es, ha sido y viene,
miro su fuerte voz
pasar sobre la mies de mi alma en hoz,
y el alma ¿qué retiene?
Todo es momento;
espacio condensado; el viento
se lleva el aire de esta leve Francia
y a España lo remonta; allí se cuela,
¿formará escuela?

Hendaya, 28-VIII-1925

¡Adiós España!

Ah, Spain! how sad will be thy reckonning-day!
LORD BYRON. Childe Harold I 52

Adiós, mi Dios, el de mi España,
adiós, mi España, la de mi Dios,
¡se me ha arrancado de viva entraña
la fe que os hizo cuna a los dos!
Adiós, mi fe, la del ensueño,
de mi esperanza, adiós mi fe,
perdí mi fe, perdí a mi dueño,
¡busco, perdido sin saber qué...!
Adiós, mi España, la de mi vida,
adiós, oh madre que no escogí,
te vi desnuda, te vi perdida,
cegué de pena viéndote así...
¡Adiós, adiós! Esta es mi muerte,
adiós, España, mi corazón
abre sus ojos, no logra verte...
¡adiós, España de mi pasión...!
Adiós, mi fe, la del engaño
de mi esperanza, adiós mi fe;
era del cielo frágil escaño...
ni cielo queda... ¡todo se fue!
Adiós, oh viuda de Dios, te quedas
bajo la espada, sin dignidad,
¡qué oscuros días estos que ruedas,
te hacen delito decir verdad...
Te arrastran chulos que peinan canas
y mienten patria ¡triste de ti!

Ya no te dejan más que las ganas
de echar en tierra siesta sin fin...
España, España, soñé tu gloria;
adiós, mi España... sólo soñé...
¡ay, no era hierro!, ¡ay, que era escoria!
Perdí mis almas, ¡adiós mi fe!
Huérfano y solo sobre el desierto
perdí mi madre, ¡ay, te perdí!
¡Adiós, mi viaje! No queda puerto...
¡Adiós, mi España! Y adiós... a mí.
Mueres conmigo, mi España triste,
sueño divino del corazón,
me vi en tus ojos y tú me viste
morir en ellos de tu pasión...
Adiós, ¡qué triste palabra! Llora
si ojos te quedan, llora tu mal;
llegó, mi España, por fin la hora
del fin de todo, ¡del fin final!
Veo en las manos de tus verdugos,
mi pobre España, sangre de Abel,
y mis hermanos bajo los yugos
oigo me dicen: ¡adiós, Miguel!
Adiós, mi España, mi triste cuna;
adiós, mi España, ¡adiós, adiós...!,
quebró la rueda de la fortuna...
llegó el destino para los dos...
¡Adiós!

Hendaya, 4-X-25

Logre morir con los ojos abiertos
guardando en ellos tus claras montañas,
—aire de vida me fue el de sus puertos—
que hacen al sol tus eternas entrañas
    ¡mi España de ensueño!
Entre conmigo en tu seno tranquilo
bien acuñada tu imagen de gloria;
haga tu roca a mi carne un asilo;
duerma por siglos en mí tu memoria,
    ¡mi España de ensueño!
Se hagan mis ojos dos hojas de hierba
que tu luz beban, oh sol de mi suelo;
madre, tu suelo mis huellas conserva,
pone tu sol en mis huellas consuelo,
    ¡consuelo de España!
Brote en verdor la entrañada verdura
que hizo en el fondo de mi alma tu vista,
y bajo el mundo que pasa al que dura
preste la fe que esperanza revista,
    ¡consuelo de España!
Logre morir bien abiertos los ojos
con tu verdor en el fondo del pecho,
guarde en mi carne dorados rastrojos;
tu sol doró de mi esperanza el lecho
¡consuelo del ensueño de mi España!

Hendaya, 24-XII-25

La mar posada me compone el alma
rota por el combate
de la tierra;
su escalofrío me tupe de calma;
mi pecho late
con el latido de la mar; se cierra
la visión de la mar en mi memoria;
de la mano de Dios baja el olvido;
me escurro de la historia
y me pierdo en la mar de que ha partido
la nube de mi vida...
Niñez eterna de la mar, ensueño
de un alba eterna...
me baño en la niñez rosada y tierna,
cuando es todo el empeño
vivir sin más, dejarse ser soñado
y oír la propia sangre cómo canta
dentro del vaso vivo y regalado
del cuerpo, de la virgen carne santa...
Se oye uno en Dios, se vive,
se va muriendo en Él cada momento,
la muerte se recibe
como la vida
y se sueña acostado en el cimiento,
y de la muerte así el alma se olvida...
Canta la mar, sangre de Dios; su aliento
me llena el corazón...
de mi sangre divina oigo el acento
¡y canta mi pasión!

La mar, la mar, la mar... la vida en cuna;
de antes del hombre la revelación...
En ella embarca toda su fortuna,
fe sin palabra,
mi temblorosa mente;
se abre a la tierra miserable la abra
donde me embarco
y me pierdo en mi Dios justo y clemente.
Su justicia es clemencia;
su clemencia justicia;
su eternidad paciencia;
nos da lo suyo, vida, y nos enquicia
en su divina esencia...
no nos quita lo nuestro, que es la muerte
y vida en muerte, muerte en vida es nuestra suerte.
Olas que sois la mar que se da al cielo,
su cutis de hermosura,
¡ay pobres olas breves, soñadoras,
con flotantes raíces en la hondura,
palpitantes escamas!, ¡con qué anhelo
os ve mi alma pasar!
¡Ay pobres olas breves, gemidoras,
bajo el silencio cruel de las estrellas
que miran a la mar...!
olas que no dejáis en la mar huellas
¿quedan las mías en la tierra dura?
¿queda en su polvo rastro de mi paso?
¿tiene raíz mi ensueño de tortura?
¡desierto raso!
¡Ay pobres olas náufragas! Os traga
vuestra madre la mar y es un aborto

vuestro ensueño de vida;
con el parto os amaga
la muerte en rato corto...
El canto de la mar es silencioso;
es jugo blanco de sonido inerte;
es el íntimo canto misterioso
que sin voz canta la callada muerte:
«Sueña —me dice— sueña...
derrítete en el sueño...
olvídate... olvídate... el olvido enseña
la última lección...
sueñe en la mano de su eterno dueño,
en mano de Dios tu corazón...».
La mar me llena el pecho
y en él se duerme Dios como en su lecho.

Orhoit gutaz

En la pequeña iglesia de Biriatu, orilla del Bidasoa, cerca de Hendaya, hay un mármol funerario con la lista de los once hijos de Biriatu que murieron por Francia en la gran guerra. En la cabecera dice: *Bere seme gerlan hil direneri Biriatu-Ko herriak*, lo que traducido del eusquera o vascuence al castellano quiere decir: «A sus hijos que han muerto en la guerra el pueblo de Biriatu». Luego la lista de los muertos, que son:

APRENDISTEGUY CHARLES
ARISTEGUY JOSEPH
EYHERAMENDY JEAN JOSEPH
ELISSALDE MATHIEU
ELISSALDE FRANÇOIS
HYASSA JEAN
SALAVERRIA JOSEPH ANGEL
HUMBERT LOUIS
DAGUERRE MARTIN
CAZAUBON CALIXTE
CELET JOSEPH

MCMXIV – MCMXVIII

Y debajo *Orhoit gutaz*, esto es: «Acordaos de nosotros». Conservo en el título la hache de *Orhoit* aunque como la de *hil* y *herriak* y *Eyheramendy* y las haches todas que emplean en el vascuence de esta región, donde se las aspira, son ociosas.

Pasasteis como pasan por el roble
las hojas que arrebata en primavera
pedrisco intempestivo;
pasasteis, hijos de mi raza noble,
vestida el alma de infantil eusquera,
pasasteis al archivo
de mármol funeral de una iglesiuca
que en el regazo recogido y verde
del Pirineo vasco
al tibio sol del monte se acurruca.
Abajo el Bidasoa va y se pierde
en la mar; un peñasco
recoge de sus olas el gemido,
que pasan, tal las hojas rumorosas,
tal vosotros, oscuros
hijos sumisos del hogar henchido
de silenciosa tradición. Las fosas
que a vuestros huesos, puros,
blancos, les dan de última cuna lecho,
fosas que abrió el cañón en sorda guerra,
no escucharán el canto
de la materna lluvia que el helecho
deja caer en vuestra patria tierra
como celeste llanto...
No escucharán la esquila de la vaca
que en la ladera, al pie del caserío,
dobla su cuello al suelo,
ni a lo lejos la voz de la resaca
¡de la mar que amamanta a vuestro río
y es canto de consuelo!
Fuisteis como corderos, en los ojos

guardando la sonrisa dolorida
—lágrimas del ocaso—
de vuestras madres —el alma de hinojos—
¡y en la agonía de la paz la vida
rendisteis al acaso...!
¿Por qué? ¿Por qué? Jamás esta pregunta
terrible torturó vuestra inocencia;
nacisteis... nadie sabe
por qué ni para qué... ara la yunta
y el campo que ara es toda su conciencia
y canta y vuela el ave...
¡*Orhoit gutaz*! Pedís nuestro recuerdo
y una lección nos dais de mansedumbre;
calle el porqué... vivamos
como habéis muerto, sin porqué, es lo cuerdo...
los ríos a la mar... es la costumbre
y con ella pasamos...

El cementerio de Hendaya

Tañe la mar con quejumbrosa brisa
tus cipreses, pendiente camposanto,
pone el sol entre nubes su sonrisa
    sobre tu manto...
tus mármoles son crestas de las olas
que se fijaron en su inmoble espuma;
bajo ellas duerme su reposo a solas
    ¡tristor rezuma!
la gente que pasó, náufraga errante
del paraíso de antes de la vida;
guarda los siglos en un solo instante,
    todo lo olvida...
Cuando a tus plantas sube la marea,
te ofrece espejo palpitante; baja,
y el fango es otro espejo y se re-crea
    con tu escurraja...
Con rayos que hila de su triste entraña
flotante velo de antes de la cuna,
en ti en las noches una telaraña
    teje la Luna...
El Bidasoa su agua dulce meje
con la amargura de la mar materna
hundiéndose en su abismo que protege
    de la galerna.
El barrio bajo por ventanas mira
de tu recinto las cerradas huesas;
cuando al caer la noche se retira,
    sus mentes presas
de la fatiga del vivir, repasa

de tu heredad la tierra solariega
y se siente al amparo de la casa
      y a ella se pliega ...
Yace aquí el pueblo que pasó y se queda,
mejido al barro que le da sustento;
la historia en tanto por el mundo rueda,
la lleva el viento...

Es música la mar; literatura,
letra la tierra;
la pura mar desnuda idea pura
que otra no encierra,
una simple noción.
Canta la mar sin letra, y es resumen
de lo infinito;
la tierra yace abierta y es volumen
en donde el grito
se vuelve notación.
Canta la mar mientras la tierra escribe
la triste historia;
cree la tierra cantar cuando recibe
rayo de gloria
que le baja del sol.
Al sol bebe la mar y se lo engulle,
y lo digiere;
en su hondo abismo la lumbrera bulle
y su eco hiere
la entraña al caracol.
El canto de la mar es monodia
en donde el brillo
del cielo de la noche se extasía
y se pierde al confín;
la letra de la tierra una tragedia
que se recita
y es alimento de la triste acedia
con que se irrita
una pasión sin fin.

La mar breza a la tierra y la adormece
para el ensueño;
en sus labios la tierra se estremece,
bebe beleño
de amar y de olvidar...
Al vapor de las lágrimas la brisa
le lleva al río,
por él del horizonte a la cornisa,
donde, rocío,
cuaja entre cielo y mar...

Luna lunera lunática, sales
cuando ya mengua mi anhelo de espera;
vuélvete nube, mi luna lunera,
pues ya de noche de nada me vales.
Deja que floten tus blancos cendales
en el azul con que tapa a su esfera
tu padre el Sol, que al hacer su carrera
te deja en prenda sus viejos pañales.
¡Ay, triste espejo de luz del ocaso!
Sin las estrellas en coro ¿qué dices?,
mueres de día dejando tu vaso
pálido, frío, vacío, ¡infelices
los que de él beben tu ley del acaso...!
luna lunera, no los martirices...

I–1926

Se acerca tu hora ya, mi corazón casero,
invierno de tu vida al amor del brasero
sentado sentirás,
y tierno derretirse el recuerdo rendido
embalsamando al alma con alma de olvido
de siempre y de jamás...
Y pasará tu vida, mi alma, mi vida,
sombra de nubecilla en la mar adormida
de la loca razón;
al fin despertarás por debajo del sueño
sin llegar a gustar la carne de tu empeño
¡cansado corazón!

Hendaya, II-IV-1926

LA LUNA Y LA ROSA

A Jules Supervielle, después de haber gustado
Gravitations.

Mira que es hoy en flor la rosa llena,
cuando en otoño de su fruto rojo
será la rosa nueva...

En el silencio estrellado
la Luna daba a la rosa
y el aroma de la noche
le henchía —sedienta boca—
al paladar del espíritu
que adurmiendo su congoja
se abría al cielo nocturno
de Dios y su Madre toda...
Toda cabellos tranquilos
la Luna, tranquila y sola,
acariciaba a la Tierra
con sus cabellos de rosa
silvestre, blanca, escondida...
la Tierra, desde sus rocas
exhalaba sus entrañas
fundidas de amor, su aroma...
Entre las zarzas su nido
era otra luna la rosa,
toda cabellos cuajados
en la cuna, su corola,
las cabelleras mejidas

de la Luna y de la rosa
y en el crisol de la noche
fundidas en una sola...
En el silencio estrellado
la luna daba a la rosa
mientras la rosa se daba
a la Luna, quieta y sola.

27-VII-26

Verdor de mi Vizcayita,
verdura de mi escasez,
mi corazón va a la cita
por si te llega la vez...
Y cuando el mundo me irrita
con su horrible desnudez
es tu dejo el que me quita
su poso de lobreguez...
Cuna de tierra bendita
donde enterré mi niñez
en tus entrañas habita
Dios envuelto en su mudez...

En el tren, de Hendaya a Biarritz, el 21-IV-26,
yendo a ver al conde Keyserling.

Polémica

Vuelvo a lo mismo...
Mis pasadas esperanzas de recuerdos
han de ser de lo futuro en el abismo
recuerdos de esperanzas;
que al cantarme el cuco del reloj las doce,
de miles de otras trayendo dejo en goce,
soñé que me moría
y desperté en la muerte;
en la muerte del pasado que venía,
venidero pasado, vida inerte...
y la vida era rueda
y el carro era invisible...
Oh mi vieja niñez, cuando vivía
de cara a lo que fue —se fue y se queda—,
de cara al porvenir...
Pero salté la linde,
me metí en el desierto, el infinito,
donde el alma se rinde
al tocar de su entraña el hondo hueco
y se seca en el aire todo grito
sin eco...
¿Salté la linde o rompí la barrera?
No lo pude sentir, que en el tumulto
de un mundo en terremoto y lucha fiera
al pobre niño le enterró el adulto...
¿De qué edad nació Adán?
Porque Cristo fue niño;
gustó leche divina antes que pan;
reclinó la cabeza entre las tetas

de la Virgen, su madre —su cariño—
y se durmió...
¡Oh seno maternal que apagas las rabietas!
El pobre Adán cayó
porque no tuvo madre, no fue niño...
Mas ¿no lo fue?, ¿no tuvo madre en Eva?,
¿no durmió en su regazo?,
¿no gustó vida humana, vida nueva,
preso por la serpiente con el lazo
del pecado, en el seno de mujer?,
¿no sintió su niñez, niñez perdida,
pasado de una vida
que no vivió,
cuando empezó a saber,
cuando pecó?
¡Niñez eterna, flor de la vida,
flor de la muerte,
inocencia del sueño que no pasa,
misterio de la suerte,
brasa de hogar de la divina casa,
de la casa del Padre que perdona!
¡Perdónanos, Señor, que no sabemos
qué es lo que hacemos!

Hendaya, VIII-26

Puesta de luna

Sentada en la ventana del ocaso;
el codo en el alféizar con rocío,
y la mejilla cándida en la mano
blanca; el aliento matinal sumiso;
la pobre silla en que soñó bordando;
—es el alba naciente; entumecido
del sopor de la noche duerme el campo—
sentada mira sobre el altozano
la puesta de la luna y un divino
recuerdo de ultra-cuna, dulce arcano,
le llena la mirada. Sobre el río
—de aguas tan quedas que semeja lago—
de sus deseos, duerme en el olvido
la brisa del amor. En el ocaso
nube es la luna en su cuajado disco.
¿En qué sueña la niña? Sueña en vano;
más bien duerme su sueño. Su respiro
con el alba se funde y en el blanco
cóncavo mar del cielo el infinito
respira quedo. Ya la luna al cabo
se enterró. Va a nacer el sol. Al nido
vuelve el ave de noche. Se apagaron
las últimas luciérnagas. Retiro
busca la niña; cierra al sol el paso
y se acuesta a dormir. El lecho nítido
amoroso la envuelve. Está soñando
la Luna bajo tierra sueño místico...

Hendaya, VIII-26

τετελεσται

Juan, XIX, 30.

«¡Queda cumplido!» suspiró y doblando
la cabeza —follaje nazareno—
en las manos de Dios puso el espíritu;
lo dio a luz;
que así Cristo nació sobre la cruz;
y al nacer se soñaba a arredrotiempo
cuando sobre un pesebre
murió en Belén,
allende todo mal y todo bien.

Hendaya, 3-VIII-26

¿Vemos todos la misma Tierra acaso?
¿Y el mismo el Sol es para todos,
hermanos?
Vivo la España eterna, mas vosotros...
Vosotros... sobre el alma dura costra
no sentís más que una piedra;
menos aún que la escarpada roca
que en Gredos se alza enhiesta...

Recorrió el espinazo del espacio
—la vía láctea—
el último deseo,
yendo a apagarse en el cerebro oscuro
—sol de los soles—
que duerme más allá de lo visible...

Hendaya, 3-VIII-26

Hay en un bosque escondido
una pobre margarita
de que el sol —sol sin sentido—
es girasol; resucita
cada mañana, encendido
por la angustia de la cita,
al besarla y va perdido
por el cielo; y en la ermita
del ocaso —en el ejido—
la ventanuca bendita
donde al ponerse, rendido,
se mira morir; palpita
de amor que se apaga; al nido
vuélvese —¡noche infinita!—
mientras en el bosque —olvido—
se duerme la margarita.

Hendaya, 4-VIII-26

Esa casuca de la naricita
con sus negros ojazos cuadrados
¿qué me quiere?
Paisaje, celaje, visaje —tierra, cielo, rostro—
derrítenseen uno...
En ella se encierra —se entierra—
una pobre pareja de abuelos
que enterraron sus hijos, sus nietos,
y que ven en las noches de invierno
ponerse la luna...
Tierra, cielo, rostro, derrítense en uno...

Hendaya, 5-VIII-26

Pobre sapo romántico, andariego,
nocherniego,
canta a la Luna —con mayúscula—
el cántico romántico
de la resignación...
A la luz de la luna —con minúscula—
vase de caza.
La tenue cabellera
lunar sobre su espalda verde
deja como un rocío
de luz viscosa...
El sapo nocherniego, melancólico,
romántico, estrambótico,
canta su cántico,
lunático y erótico
de reclamo de amor...

6-VIII-26

Duérmete, niño chiquito,
durmiendo te curarás;
duérmete, duerme un poquito...
que acaso despertarás...
Dios te libre del mal sueño,
sueño que te haga soñar,
mas si soñar es tu empeño
sueña que has de despertar...
Duérmete; Dios con su mano
tu corazón curará;
duerme, que Dios soberano
en tu sueño velará...
Con el alma, ya de hinojos,
a rezarle te pondrás,
te mirarás en sus ojos
azules... ¡no te verás!
¿Despertarás? El resorte
de tu sueño es esperar;
del despertar no te importe,
pues dormir es esperar...
Duerme, que el sueño se pasa
y con el sueño el dolor;
todo duerme ya en la casa;
todo duerme en el amor...

8-VIII-26

Entropía

Avec le temps le temps même se change.
RONSARD

¿Y si el tiempo mismo
un punto parase
preso en el abismo
de la eternidad?
¿Si Dios se durmiera
y su dedo horario
marcase en la esfera
la última verdad?
¿Si contra costumbre
tornase el torrente
al hielo, a la cumbre
de donde salió?
¡Infinito enjullo
del telar divino,
cerrado capullo,
árbol, fruto y flor!

9-VIII-26

Cuando llegue el invierno la amarilla
flor de la árgoma
me cantará recuerdos a la orilla
—cabe la loma—
del dulce Bidasoa, y ese canto
bien perinchido
de todas las canciones, ese llanto,
estremecido,
del sin fin de universos, creaciones
que no duraron,
me volverá a la fuente, generaciones
que se soñaron...
En el último beso se recoge
toda la vida;
del zumo de los besos es el troje,
fin de partida...
Árgoma verde, ¿llegará este invierno
de tu flor pura?
Y si llega, ¿al llegar será ya eterno
sueño que dura?

9-VIII-26

El gendarme hortelano

Mais le propre sujet des hommes c'est d'aimer.
RONSARD

Coje presos a los caracoles
que le comen las coles...
—se los ha de comer—,
llega armado de dos regaderas
y a la puesta del sol, las primeras
estrellas por nacer,
va regando su bien con blandura
¡oh civil verdura
donde no cabe mal!,
mientras charla con buenas vecinas,
testigos las gallinas,
sin proceso verbal...
¡Oh guardián de la paz y del orden!
cuando un día te aborden
anarquistas feroces, ¡qué horror!
Echa mano de las regaderas
y antes de que nazcan las primeras
estrellas de la noche del Señor
refréscale a la tierra enardecida;
mira, gendarme, que se va la vida
y con la vida se nos va el amor...

10-VIII-26

El misterio de san Joaquín, abuelo de Dios

Este padre de la madre de Dios,
bendito san Joaquín,
este abuelo de Dios
guarda el secreto del mayor misterio,
el de la Inmaculada Concepción...
Sólo él sabe, bendito, la inocencia,
libre de morosa delectación,
sin mancha de pecado original,
con que engendró —¿dormido?—
a la madre de Dios,
¡oh divino animal!
Fue el suyo de verdad acto purísimo,
puro acto sin pasión,
paradisíaco débito
sin prueba de la fruta ¡ay! de aquel árbol
de la ciencia del bien y del mal,
sin ciencia, en inocencia, en inconciencia
originales...
Dios y la bestia, sin malicia de hombre,
cooperaron,
¡inconciencia divina y bestial!
No se comió la fruta; no la mordió;
entera y él dormido, se la tragó...
y sin pasar por padre se hizo abuelo
de nuestro eterno Dios...
¡oh divino abolengo animal!
Y así guarda del tiempo en el confín
su misterio insondable san Joaquín...

Arroyuelo sin nombre ni historia
que a la sombra del roble murmuras
bañando sus raíces
¿quién llama a tus aguas?
Al nacer en la cumbre, en el cielo,
con la mar te sueñas,
con la mar que en el cielo se acuesta,
¡arroyuelo sin nombre ni historia!

10-VIII-26

¿Qué es tu vida, alma mía?, ¿cuál tu pago?
¡Lluvia en el lago!
¿Qué es tu vida, alma mía, tu costumbre?
¡Viento en la cumbre!
¿Cómo tu vida, mi alma, se renueva?
¡Sombra en la cueva!
¡Lluvia en el lago!
¡Viento en la cumbre!
¡Sombra en la cueva!
Lágrimas es la lluvia desde el cielo,
y es el viento sollozo sin partida,
pesar la sombra sin ningún consuelo
y lluvia y viento y sombra hacen la vida.

11-VIII-26

Sus hondos ojos azules
daban azulez al cielo;
amarillo primavera
se despejaba sereno
por el follaje dormido
y era la vida un entero,
vivir de Dios; por el río
soñaban en claro espejo
ensueños de la montaña
abrazados con el cielo...
Toda cosa era pasada,
todo presente... recuerdo,
y el porvenir se perdía
en el antaño primero.
Bajo tierra renacían
las muertes; dentro del pecho
brizaba una brisa queda
los primeros pensamientos
que nacidos en la oscura
calma del seno materno
son de la casa extrañada
los enterrados cimientos,
que se asientan y sustentan
sobre la azulez del cielo.

20-IV-1927

2 y 2 son 4
4 y 2 son 6
6 y 2 son 8
y 8 16
y 8 24
y 8 32

¡ánimas benditas,
me arrodillo yo!

De una canción de rueda que siendo yo
niño oía cantar a las niñas.

2 x 2 son 4
2 x 3 son 6

¡ay qué corta vida
la que nos hacéis!

3 x 3 son 9
2 x 5 10

¿volverá a la rueda
la que fue niñez?

6 x 3 18
10 x 10 son 100

¡Dios! ¡No dura nada
nuestro pobre bien!

∞ y O

¡la fuente y la mar!
¡cantemos la tabla
de multiplicar!

¿Prosa? ¿Y qué sabéis vosotros,
jugadores de la forma,
y gongorinos de pega,
lo que es prosa?
¿Poesía pura? El agua
destilada, no por obra
de nube del cielo, pero
de redoma.
¡Deshumanad! ¡Buen provecho!
Yo me quedo con la boda
de lo humano y lo divino
que es la gloria.
Ni agua alquitarada; sangre
en que cante en fuego de ola
la calentura sagrada
creadora.
Con raíces bajo tierra
y al viento de Dios la copa
y hojarasca entre las flores
y hasta broza.
Prosa con polvo y con Iodo
manchada, fatal escoba;
¡nos depara el barrendero
dulce sombra...!
Descanso en limpio retiro
para soñar cuando dora
el sol que se pone al cielo
nuestra hora...

Y pasan días sin que pase nada
y todo queda pues que pasa todo
que el paso es queda de distinto modo
y el ayer va al mañana, que es su rada.
Me pesa de lo que hice; en la estacada
se queda del pasado, en un recodo;
el polvo cuando posa se hace lodo
y luego piedra que sirve de arcada.
No hay corte alguno que deshaga el nudo;
inmudable es el mundo cuando muda;
cuantas veces se quiso no se pudo;
vive el punto que pasa, y en la duda;
que el acto es muerte, y en el paso agudo
del último acto nada nos escuda.

28-IV-1927

Sobre tu frente azul, Señor, mi sino
—que es invisible estrella al claro día,
con el azul fundida en armonía—
me señala en el cielo mi camino.
Camino el cielo todo; en el divino
campo de azul, en la celeste vía
no hay vedado, ni el alma se extravía
que en él se pierde aun cuando pierda el tino.
Las flores de tu huerto, las estrellas
son cual Tú, virginales, no dan fruto
de grosero comerse; son centellas
de tu puro idear; sólo disfruta
de libertad aquel a quien le sellas
con tu sello marcándole la ruta.

28-IV-1927

El 20-IV-1927 me preguntó Fernandito,
el hijo de Eduardo Ortega y Gasset, refiriéndose
a una pajarita de papel que le
había hecho: «Y el pájaro ¿habla?».

¡Habla que lo quiere el niño!
  ¡Ya está hablando!
El Hijo del Hombre, el Verbo
  encarnado
se hizo Dios en una cuna
  con el canto.
De la niñez campesina,
  canto alado...
¡habla, que lo quiere el niño!
¡Hable tu papel, mi pájaro!
Háblale al niño que sabe
  voz del alto,
la voz que se hace silencio
  sobre el fango...
háblale al niño que vive
en su pecho a Dios criando...
Tú eres la paloma mística,
  tú el santo
Espíritu que hizo el hombre
  con sus manos...
habla a los niños, que el reino
  tan soñado
de los cielos es del niño
  soberano,

del niño, rey de los sueños,
¡corazón de lo creado!
¡Habla que lo quiere el niño!
¡Ya está hablando...!

El cuerpo canta;
la sangre aúlla;
la tierra charla;
la mar murmura;
el cielo calla
y el hombre escucha.

5-V-27

ROMANCES

I

Rey Alfonso, rey Alfonso,
engendrado en agonía,
agónica a nuestra España
mantienes con tu injusticia.
Rey Alfonso el Africano,
el de la fatal divisa,
¡de tu corona el bateo
ve que de sangre destila...!
Rey Alfonso, rey Alfonso,
rebojo de dinastía,
desecho de los Habsburgos
los de quijada fatídica,
ya no hay sangre que te valga
mas que te sea querida.
Te rodeaste de podencos
adiestrados en traílla,
dándoles carne de siervos
motejados de gallinas.
A los verdugos en jueces
erigiste en un mal día
cuando soñabas ¡cuitado!
el imperio a la otra orilla.
A tus fieles consejeros
difamaste con mentiras,
palacio de la injusticia
hiciste de tu guarida.
Ni una verdad de tu boca
salió porque si decías
algo de cierto, lo cierto

era que no lo creías.
Te rechinaban los dientes
por dentro de la sonrisa
de esa tu boca entornada
que aire de tumba respira.
Rey Alfonso, rey Alfonso
de la cruzada maldita,
del perjurio fernandino,
de la negra pesadilla.
Rey Alfonso, rey Alfonso,
hay un Dios que nada olvida,
que te conoce el linaje,
hay un Dios sobre la vida.

II

Querellas de don Alfonso —no el Sabio—,
por la desgracia de Dios rey exconstitucional de España.

—*¿Dónde vas, Alfonso* trece,
dónde vas, triste de ti?
—No es que voy, es que me arrastran
por las calles de Madrid
sobre el fango, cuatro chulos
sin conciencia y con fajín.
Generales de uñas largas,
mal que me dejan vivir,
¡los negocios!, los negocios!,
me iba mejor en Doville.
¡Ay, Tánger de mis ensueños
con Marquet de gran visir!
¡Mi principado de ensueño!
¡Mi Mónaco al pie del Rif!
¿He de quedarme tronado?
¡Ay, trono en el que me hundí!
Hice del trono un asiento,
de la corona un bacín.
La Constitución ¡menguado!
qué mal que la despedí...
cómo olía, cómo olía
tras nuestro último desliz...
Cómo huelo, cómo huelo;
todo recae sobre mí,

que el que al cielo suelta, suelta
¡insensato! sobre sí.
Quise ser amo absoluto,
el poder mi único fin;
ya no puedo, ya no puedo,
que esto no es lo que creí...
¿Poder personal? ¡Tontunas!
Donde no hay persona vi
que es el poder impotencia,
sombra, flato y vano ardid...
¡Válgame la Unión Patriótica!
¿Qué va a ser ahora de mí?
¡Somatenes!, ¡somatenes!,
¡sus, al conejo, acudid!
¿Qué hacéis de las escopetas?
¿Es que no queréis venir?
¿Teméis a los bolcheviques?
¡Corred tras de la perdiz!
¿No oís cómo Primo notas
grazna dándose postín?
Son el gori gori ameno
del imperio que fingí.
Venga mi Rubán pues quiero
a la carrera partir,
ni he de parar hasta el Polo...
¿penas decís? a mí... ¡plin!
O traedme algún Mercedes
porque me quiero lucir,
ya que el volante de España
no es a mis manos afín.
¡Ay, Severiano! protege

mi fuga sin ley que al fin
pues todo llega ha llegado
también nuestro San Martín.
Ven acá, mi Severiano,
ven con la guardia civil;
tanto que me quiere el pueblo...
¡sin ella no he de salir!
¡Ay, España, patrimonio
que jugué y que perdí!
¡Válgame Fernando Sétimo
el tigrecán, ay de mí!
¡No me voy, es que me arrastran
sobre el fango que vertí,
cuatro chulos fajinados
por las calles de Madrid!

III

Pobre España, pobre España,
quién te ha visto y quién te ve,
¡ay viuda de Dios!, te mueres
con la muerte de la fe.
Mala leche te mamaron
cuando herida de un revés
del chulo de tu querido
lamentabas tu viudez.
La jaqueca de la siesta
les emponzoña la hiel
y la santísima gana
toda se les vuelve sed.
Sed de que agua de tormenta
¡nube negra ven caer!,
haga rasero en la patria,
disciplina de cuartel.
Toda la podre del páramo
ha brotado de una vez,
la mala sangre de siglos
es sangraza en el poder.
Monaguillos, asistentes,
bravucones de burdel,
limpiabotas, manfloritas,
y jaleadores de olé,
legionarios, pistoleros,
luises, majos y *croupiers*,
mejidos en la boñiga
a que llaman somatén;
la chusma de pan y toros

bajo del cabo furriel,
acusiques de verdugo,
concejales de alquiler,
papanatas de parada,
patrioteros de entremés,
eso no pariste, España,
sino lo soltaste en hez.
Heces que te hacen guerrilla
sin cuartel y con cuartel,
¡pobre España, pobre España!,
¡quién te ha visto y quién te ve!

IV

«Orden, orden, caballeros,
venga acá mi mayoral (*)
que nada hay como el cadalso
para la seguridad!
No basta ya retorcerles
los testículos, ¡hay más!
En el nervio del dentista
es en donde hay que operar.
Las multas extralegales
¡un invento capital!,
hay que dar en donde duele
en el bolsillo... ¡cabal!
Pues como dice Maeztu,
profeta reverencial,
el dinero forma parte
de la Augusta Trinidad.
Y añade que el sacerdote
ha de vivir del altar
y yo de los sacrificios
que hago en la comunidad.
Pero eso mi Unión Patriótica
con su Hermosa... ¡el general!
y ese Lerroux... no me sirven...
¡siendo yo tan liberal!
Pues y aquellos veintisiete
sindicalistas de atar
que en el suelo... mudos, sordos,
ciegos, fríos, ¡cuánta paz!
¡Qué mitin, mi Barcelona!

¡Qué cuadro! para pintar
yo y ¡qué artista pierde España
cuando llegue yo a faltar!
Y qué gusto tan gustoso
gustazo de acariciar
después a una tierna niña
en visita al hospital
y decir muy compungido
¡cocodrilo en el llorar!
«¿Yo tirano y carnicero?
si soy más bueno que el pan...».
Cabezas de intelectuales
si es que las pido en verdad
es por faltarme cabeza
siquiera de intelectual.
Ese puñetero mierda
que es Primo... el bú de astracán...
un Alhucemas con botas...
¡y aún me pretende imitar...!
¿*Poder de poder*?, ¡camelos!
¿Yo notas?, ¡ni que pensar...!
Yo pinto con sangre y lodo...
¿Literatura? ¡Bah! ¡Bah!
De mí no se ríe nadie,
que me odien, pero ¡a temblar!
Yo hago de bajo en la pieza
con barba y voz de antifaz.
¡Qué ordenado cementerio!
¡Qué disciplina sin par!
¡Orden, orden! ¿La justicia?,
paisanerías no más...

¡Qué régimen tan severo
el que he logrado implantar!,
ni en una casa de zorras
tanta *severianidad*!».

Así gruñe Severiano
a solas, y en su albañal,
ensayándose al espejo
para darse autoridad.

(*) Así se llama el verdugo de la Audiencia de Burgos.

V

—Es mi hombre y que me pegue
hasta romperme el bautismo
dentro de la alcoba... ¡pase!
Pero ¡por Cristo bendito!
que en la taberna me obligue
cuando está ahogado en vino
a que beba yo del vaso
en que gargajeó... ¡cochino!
eso ya pasa la raya
de toda ley de cariño
y no es de hombre... Dime, España,
¿se puede sufrir tal sino?
—¡Ay, hija mía! yo sufro
no sólo golpes de Estado,
multas, negocios, prisiones,
mordazas y asesinatos,
sino algo peor, la nota
oficiosa, que es el vaso
en que mi chulo vacía
con el mayor desparpajo
todos los malos humores
que le acatarran... Tirano
podría pasar, mas... ¿eso?,
¡no pude caer más bajo!

VI

Sangre de orden, sangre de orden,
que así lo exige el honor,
sangre y arena; la sangre
es orden restaurador.
La arena de cuenta nueva
sobre el sangriento borrón,
se acabó de un golletazo
la intrusa Constitución.
Por no sufrir el garrote,
desde el tejado se echó
y con efusión de sangre,
reventó al pie la prisión.
Orden de sangre y más sangre,
de nuestros cristos blasón,
en las entrañas sin sangre,
todo sangre al exterior.
Desangrados más sangrientos,
a cada lado un ladrón
y al pie Longinos verdugo
mercenario del honor.
Hagan nuevos cardenales,
venga sangría mayor,
vengan costras de sangraza,
desangre renovador.
Sanguinarias sanguinosas
sanguijuelas al olor
van de la sangre con que hacen
cuajada de expiación.
Ay, la sangre llama sangre

cuando se ennegrece al sol,
pide tierra, mucha tierra,
tierra de arraigo español.
Sangre vieja en venas jóvenes
siempre a la postre estalló
y en las venas viejas nunca
la sangre se renovó.
Carne y sangre de soldado,
carne y sangre de cañón;
se acabaron pan y vino,
vino y pan de comunión.
Haga el pueblo rogativas,
brote sangre en efusión,
la cruzada dentro y fuera
y ¡viva la Inquisición!
Entra la letra con sangre,
la ordenanza con rigor,
la justicia y el espíritu,
no son de administración.
No es de sangre ni es de casta
ni honra a la profesión,
el que a la verdad se rinde
cuando va contra el honor.
Con la patria de ordenanza
con razón o sin razón,
se medra de la mentira
llamándola tradición.
La verdad nos hace libres,
la libertad se acabó,
hay que vivir como sea
mas que sea en opresión.

Sangre sea el santo y seña
de la cruzada mayor,
sangre de orden, sangre de orden,
de nuestros cristos blasón.

VII

Dios de mi España contrita,
tómame un chorro de voz,
recibe el recio lamento
de una agónica oración.
Sé bien que está envenenada,
mas el veneno, Señor,
viene de los empresarios
que están mintiéndote amor.
Tú eres la verdad, mas ellos
le guardan tanto pavor
que contra ella han levantado
nuestra vieja Inquisición.
Dicen que la patria siempre,
pues madre, tiene razón,
arrogándose ser patria
e imprimiéndole su voz.
Se nos vienen con mentiras
a que llaman tradición,
y se valen de tu nombre
para hundir a la nación.
Han hecho del Evangelio
texto de abominación;
de tu ley una cruzada,
¡sangre, robo y destrucción!
A cristazos pretendían
conquistar el corazón
de menguados sarracenos...
¡camino de perdición!
Al obispo don Jerónimo,

abad sangriento y feroz,
le han tomado por Santiago
apóstol de tu pasión.
Tu mano, Señor, no vieron
ni en Annual y les cegó
la impía sed de desquite
en su impura cerrazón.
No quieren que España purgue
los pecados que pecó,
para que alcance tu gracia
con sumisa expiación.
No quieren la paz bendita
del que el imperio abdicó
y en su casa busca a solas
tu justicia y tu perdón.
Dios de mi España contrita
oye mi chorro de voz,
escucha el recio lamento
de un hijo de tu pasión,
de un hijo de tu hija España,
de un agónico español.

VIII

Si no has de volverme a España,
Dios de la única bondad,
si no has de acostarme en ella
¡hágase tu voluntad!
Como en el cielo en la tierra,
en la montaña y la mar,
Fuenterrabía soñada,
tu campana oigo sonar.
Es el llanto del Jaizquíbel,
—¡sobre él pasa el huracán!—
entraña de mi honda España
¡te siento en mí palpitar!
Espejo del Bidasoa
que vas a perderte al mar,
¡qué de ensueños te me llevas!,
¡a Dios van a reposar...!
Campana Fuenterrabía,
lenguas de la eternidad,
me traes la voz redentora
de Dios, ¡la única bondad!
Hazme, Señor, tu campana,
campana de tu verdad,
y la guerra de este siglo
¡deme en tierra eterna paz!

IX

Que me habéis envenenado
el pan y el vino del alma,
que habéis hecho estercolero
del lecho en que descansaba,
que habéis desatado en ella
la enfurecida canalla
de diablos que dormían
en el hondón de la casta
donde los dejaron siglos
de Inquisición porfiada;
que prostituís la Virgen
con vuestras lenguas llagadas
de religiosa mentira,
y blasfemáis de la patria;
que hasta envilecéis el odio,
¡tiranuelos de la farsa!,
que le robáis su pobreza
¡miserables! a mi España
con esa carnicería
a que el rey llamó cruzada.

… … … …

Dios de mi España rendida,
dame el fuego que le falta;
dame la voz de tu fuego,
¡haz mi lengua, Señor, brasa!

X. Corrida de beneficiencia

Pobre lirio entre leones
y castillos, ¿qué hace allí?,
pálida flor de las ruinas
nacida para morir...
Frente a la roja amapola,
la que ayuda a bien dormir,
la que crece entre los trigos,
promesa de porvenir.
¡Águila de dos cabezas,
abortos has de parir!,
un lirio que suda sangre
y que se agosta en abril.
El toro entre las encinas
que no dobló su cerviz
al yugo con que los bueyes
mantienen plebe infeliz.
Pobre toro que en el coso
de estocada has de morir,
tu sangre abreva en la fiesta
a la canalla servil.
¡Ave César!, ¡pan y toros!
¡Viva la guardia civil!
¡Viva el salvador de España!
¡Viva la Pepa!, ¡a morir!

XI. Salamanca

Ay, que en estas negras noches
Salamanca, Salamanca,
viene a visitarme en sueños
la vida que di a mi España.
Que en las noches del destierro.
Salamanca,
me pueblan las soledades
las vergüenzas que ahí se pasa.
Que aquí está mi fortaleza,
Salamanca,
pero... no, nada de pero,
la libertad en mi casa.
Y es libertad el destierro.
Salamanca,
hasta mejor en mazmorra
que en estrado con mordaza.
En el desierto doy voces,
Salamanca,
oyen las piedras piadosas
y hasta el cielo me levantan.
Justicia y verdad son uno,
Salamanca,
Dios lo quiere, Dios lo quiere,
su voluntad es mi casa.
Doy al César lo del César,
Salamanca,
y a Dios la verdad-justicia
que es patrimonio del alma.
Por mucho que el pecho añore,

Salamanca,
el aire claro de Gredos
que hace corazón a España,
la verdad-justicia pide,
Salamanca,
la libertad del destierro
aire del alma enjaulada.
Te llevo en mí con mi vida.
Salamanca,
y el aire claro de Gredos
dejó en mí verdad de España,
«Salamanca enseña» dice,
Salamanca,
la enseña con que tu escuela
hace de verdades gala.
Del Almanzor en la cumbre,
Salamanca,
aprendí verdad-justicia
que es religión de la patria.

XII

Aprovecha, Alfonso, la hora
en que Dios te viene a ver,
mira que acaba el reinado,
con el reinado el papel.
Los ensueños que soñaste
no has de soñar otra vez,
con el alba derritióse
la gracia de tu niñez.
¡Qué frescor de las mañanas!
Ignorabas —pudo ser—
que iban regando con sangre
junto a tu cuna un laurel.
Laurel que al fin se ha secado,
que ha anegado tu poder.
De los años se ha hecho río
no la sangre, que al correr
en el Escorial te aguarda
tu linaje —¡triste de él!—
y en el abismo tu sello
guarda Palos de Moguer.
No hay más cosa que el camino;
sé caminante; el cordel
sigue de tu suerte, mira
la caja del ajedrez.
Mira en la caja tu prenda,
¡jaque mate! y a volver
al juego; sombra de un sueño
es la vida; ya lo ves...
Sueño de una sombra el hombre

y sueño de un hombre el rey,
huérfano de nacimiento,
la humanidad se te fue.
¿Quién te ha querido, cuitado?
¡Quien más te hizo padecer!
Quien bien te quiere, se dice,
te hará llorar; ya lo ves...
Llora, llora, Alfonso trece,
que sea el INRI tu prez,
a Cristo la cabecera
de la cruz le nombró rey.
«Gajes del oficio» dices
cuando te hacen tragar hiel;
tu oficio, oficio de víctima,
¡pobre siervo de la ley!
No hay más reino que el camino,
sé caminante y Aquél
que hace los hombres al cabo
hombre al morir te ha de hacer.
Mira a tu padre en el cielo,
pobre huérfano, y al ver
cómo se acaba el reinado
verás lo que acaba en él.
Aprovecha, Alfonso, la hora,
que el padre te viene a ver,
mira que empieza la vida
¡cuando se acaba el papel!

XIII

Doctor Primo de Rivera
y Orbaneja, general
¿no se te cae de vergüenza
con la cara el antifaz?
Con orugas campesinas
criadas en muladar,
y cucarachas urbanas
hijas de la oscuridad
de un retrete absolutista,
te has hecho partido real.
¡Qué hedor a macho cabrío!,
¡vaya masculinidad!,
los upistas boca y todo
se te abren de par en par.
Con un tono subjuntivo
les arengas y ¡la mar!,
¡qué lengua!, ¡qué pico de oro!,
¡qué gustito!, ¡flor de azahar!
Y si esgrimes hazañoso
lápiz o la Waterman
¡vaya un tío mandoblando
notas!, ¡venga tafetán!
Cuando llamas a la patria
madre ¿qué quieres llamar?,
porque hay la madre del vino
que es tu madre natural...
¡*Poder de poder*! exclamas,
pico de lorito real,
y has logrado un maridaje

de veras fenomenal.
Que al ser tu majadería
absoluta en general,
le añade la amena gracia
de ser constitucional.
Se empareja a tu doctrina
doctor auto-intelectual,
disciplina en tus discípulos
de ganado extralegal.
Al pilón que te solaza
les arrastras del ronzal,
mas ¡ojo! que hay botellazos
y puedes acabar mal...

XIV

Cuando el alba me despierta
los recuerdos de otras albas
me renacen en el pecho
los que fueron esperanzas.
Quiero olvidar la miseria
que te abate, pobre España,
la fatal pordiosería
del desierto de tu casa.
Por un mendrugo mohoso
vendéis, hermanos, la entraña
de sangre cocida en siesta
que os hace las veces de alma.
«Hay que vivir», estribillo
de la santísima gana,
vuestra perra vida sueño
en bostezo siempre acaba.
«Mañana será otro día»
y el porvenir se os pasa,
ni se os viene la muerte
que no habéis vivido nada.
Cuando se os viene encima
la libertad «¡Dios me valga!»,
y Dios en vil servidumbre,
pues no os valéis, os chapa.
Mirando pasar la vida
no vivís y al acabarla
aun hay quien sueña ¡cuitado!
que de la vida descansa.
Cuando el alba me despierta

los recuerdos de otras albas,
me renacen en el pecho
las que fueron esperanzas.
Y espero que al torbellino
de mi seno España nazca,
que los hermanos que sueño
con mis sueños hagan patria.
Puebla mi sueño tu pueblo,
que es sólo mi sueño, España,
y sueño que me hago eterno
en un eterno mañana.

XV

Brisa que vienes de España
tan cargada de silencio,
¡con qué tristezas futuras
me estás vaciando el pecho!
Ni traes el fuego del parto
ni traes de la muerte el hielo,
vienes tibia y traes la sombra
del sueño vil sin ensueño.
Ni has pasado sobre flores
que aroma dieran al cielo,
ni has pasado sobre grano
que engalanara su suelo;
sobre hojarasca amarilla
que murmuraba en secreto,
y entre vilanos flotantes
que son juguete del viento.
Te respiraron a solas
bajo del yugo del miedo;
traes suspiros sofocados
de los que se han hecho siervos.
Los susurros de la ronda
entre tus alas murieron,
traes de las almas de España
la honda miseria del yermo.
Y traes con humor de hieles
los tristes pesados huelgos
de los que apenas con vida
en la ciénaga se hundieron.
Estertores de galeotes,

reniegos de cuadrilleros,
bravatas de rabadanes,
jesuítico siseo,
voces de mando que a máquina
la ordenanza dio de arreo,
visita de viejas zorras
mezclada a gangosos rezos,
todo en ti, brisa de España,
todo es disfraz de silencio.

XVI

Mañana —lo sé de ayer—
don Quijote, mi señor,
me apedrearán los galeotes,
¡sea todo por tu amor!
No me importa qué vendrá,
sino la miseria de hoy,
de los viles cuadrilleros
de la vieja Inquisición.
Es justicia libertad;
no el rencoroso perdón
de tiranuelos de campo
deshonrados con honor.
Solo, hidalgo, solo tú,
sin Sancho, en manos de Dios,
rebelde a la rebeldía
del poder de sinrazón.
El mando dado a desmán,
de la ley se desmandó;
se puso a dictar mentiras
que es tiranía mayor.
¿Y qué vendrá? ¡Qué más da...!
Nuestro Padre nos dé hoy
mientras no venga su reino
nuestro cotidiano sol.
Nos dé el sol de la verdad,
que nos limpia el corazón;
el patriotismo con venda,
no es más que abominación.
¡Libertad a los galeotes!

¡Manos, cara y pecho al sol!
¡Que la grandeza de España
sea grandeza de Dios!

XVII

Sarna tradicionalista
da oficio a las largas uñas;
se rascan los asistentes;
con ello medran de sucias.
Quieren despiojarse, acaso
desladillarse; fortuna
que no se les logra; el pelo
de la dehesa se abulta.
Bajo él les come la sangre
la inquisitorial pelusa,
les tiene desgalichados,
que haya quien por sí discurra.
A un orgullo luzbelino
lo atribuyen o a locura
que el que no carga uniforme
a los lacayos insulta.
Recelan, que les desdeña
si un réprobo les saluda,
la sonrisa les amarga
cual si fuese una censura.
«Se está por dentro riendo
de mí» se piensan y ocultan
en el bolsillo del alma
la mala baba frailuna.
Dio suelta la tiranía
a esta gusanera inmunda,
por mote la Unión Patriótica,
que es política basura.

XVIII

Voy contando los segundos
del desvelo por la noche
con los golpes que en el pecho
me da el corazón; recoge
la ponzoña que me cría
en la sangre ya más pobre,
la afrenta con que mi España
en el silencio se esconde
soportando de tiranos
burlas e injurias soeces;
la más soez el tratarla
de buena chica, conforme,
de pupila resignada
con su oficio, no muy noble.
Mas cuando el sol fronterizo
me manda desde los montes
de la patria su saludo,
tras remachar eslabones
del rezo que es la cadena
de mi pensar, luego entonces
las páginas prietas
—¡qué de cosas me responden!—
de tu Divina Comedia,
Dante mío, tú, mi hombre,
compañero de infortunio
y de ensueños y razones.
Si es que te mostró el destierro
el infierno desde el borde
de la vida, recibiste

los divinos resplandores
del paraíso soñado
gracias al destierro, donde
la patria se hace celeste
limpiándose de su podre
de poder en servidumbre
y de ordenanza en rencores.
Mi España de tras el mundo,
duda que a Dios le corroe,
¡ay mi divina tragedia!,
eterno anhelo sin nombre,
desesperada esperanza,
sol que sin cesar se pone
en las tinieblas, su madre,
la eternidad de la noche
sin estrellas y sin luna,
seno silencioso, enorme,
de abismático reposo
donde la inquietud se ahonde,
¡ay mi España!, el imposible
siempre más allá, el informe
sueño de un Tras Dios, la gana
de más que todo, del molde
de universos soñaderos
y del sueño mismo molde...
De querer tanto, mi España,
tu querer no tiene en dónde...

NOTAS

I. — *Miraba a la mar la vaca*

Este poema, aunque sobre cosa de mar, fue escrito en París y antes que viniese acá, a Hendaya, a la ribera de mi golfo de Vizcaya o de Gascuña. En realidad me fue sugerido por un recuerdo de Fuerteventura y fue el haber visto, y más de una vez, a una camella, y no a una vaca, mirando a la mar.

Apenas escrito el poema se lo envié, dedicado, a Paul Valéry, que moraba muy cerca de mi pensión. Pocos días después fue a verme, no me encontró y me dejó escrita una tarjeta de visita que decía:

Vendredi

Cher et illustre voisin, muy
querido Unamuno,
je ne sais pas vous, dire en
castillan tous mes remerciements
pour votre lettre et pour l'honneur
de la dédicace. Yo soy vaca!
Et je suis désolé de ne
pas vous trouver.
Mais je reviendrai avec
l'espoir de vous dire sans
"precission" mais de grand
coeur tout ce que je dois
decir a Vd. Yo no se escribir,
muchissimas gracias.

II. — *Orhoit gutaz*

¡Lástima que las vacas de Biriatu no lleven esquilas!

III. — *Querellas de don Alfonso*

Va siguiendo a un romance, ya popular en España, que empieza:

«¿Dónde vas, Alfonso doce,
dónde vas, triste de ti?».

Lo que va en cursiva es tomado del viejo romance.

IV. — *Orden, orden, caballeros*

Se me ha aconsejado no publicar este romance por no corresponder al tamaño trágico del general don Severiano Martínez Anido, verdugo mayor del Reino de España, y por ser sobrado anecdótico. Pero lo he incluido aquí, lo que no empece para que le dedique algún día a ese fatídico personaje todo un libro consagrado a la institución del verdugo, tan exaltada por el conde de Maistre.

Todo lo que en el romance se le atribuye, lo del nervio del dentista y lo demás, son expresiones del mismo Anido.

V. — *Sangre de orden, sangre de orden*

Lo del que se arrojó desde el tejado por no sufrir el garrote ocurrió en Vera del Bidasoa. Lo de la efusión de sangre se refiere a cierta frase terrible que le oí al rey y que he comentado en una de las notas a uno de mis sonetos de la colección *De Fuerteventura a París*.

VI. — *Si no has de volverme a España*

El Jaizquíbel es la montaña que se alza detrás de Fuenterrabía.

VII. — *Corrida de beneficencia*

El lirio, o flor de lis, es de los Borbones, y el águila de dos cabezas es la de los Habsburgos, la del Imperio de Austria.

VIII. — *Doctor Primo de Rivera*

Fue él quien dijo una vez: «Nada de poder civil ni militar, ¡sino poder de poder!».

ÍNDICE

ROMANCES

Este libro se terminó de editar en Granada
en abril de 2024 por

www.aversopoesia.com
hola@aversopoesia.com